The Golden Girls

A 2021 Day-at-a-Time Calendar

Facts, quotes, and trivia provided by our friends at USAopoly!

DateWorks™

trendsinternational.com

@intltrends

Printed in Shenzhen, Guangdong, China

PUBLISHED AND DISTRIBUTED BY TRENDS INTERNATIONAL LLC, INDIANAPOLIS, IN 46268.

● New Moon ◐ First Quarter Moon ○ Full Moon ◑ Last Quarter Moon

Friday

1

New Year's Day

What did Dorothy's father tell her as a child the racetrack was called?

A: The Zoo

January 2021

S	M	T	W	T	F	S
					1	2
3	4	5	6	7	8	9
10	11	12	13	14	15	16
17	18	19	20	21	22	23
24	25	26	27	28	29	30
31						

Sat 2 | Sun 3

What wise philosopher once said, "There are no small minds, just big heads"?

January 2021

S	M	T	W	T	F	S
					1	2
3	4	5	6	7	8	9
10	11	12	13	14	15	16
17	18	19	20	21	22	23
24	25	26	27	28	29	30
31						

A: Rose

Monday

4

January 2021

S	M	T	W	T	F	S
					1	2
3	4	5	6	7	8	9
10	11	12	13	14	15	16
17	18	19	20	21	22	23
24	25	26	27	28	29	30
31						

Where was Sophia born?

A: Sicily

Tuesday

5

What set of triplets were on the St. Olaf Woman of the Year Blue Ribbon panel?

A: Topplekoffer

January 2021

S	M	T	W	T	F	S
					1	2
3	4	5	6	7	8	9
10	11	12	13	14	15	16
17	18	19	20	21	22	23
24	25	26	27	28	29	30
31						

Wednesday

6

Epiphany

◑

Who reminded Rose, "The important thing is you're our chucklehead and we wouldn't trade you in for any other chucklehead in the whole wide world"?

A: Blanche

January 2021

S	M	T	W	T	F	S
					1	2
3	4	5	6	7	8	9
10	11	12	13	14	15	16
17	18	19	20	21	22	23
24	25	26	27	28	29	30
31						

Thursday

7

What two things did Blanche remind her mother of always saying that a lady could never have enough of?

Blanche

A: Lace handkerchiefs and gentlemen callers

January 2021

S	M	T	W	T	F	S
					1	2
3	4	5	6	7	8	9
10	11	12	13	14	15	16
17	18	19	20	21	22	23
24	25	26	27	28	29	30
31						

Friday

8

January 2021

S	M	T	W	T	F	S
					1	2
3	4	5	6	7	8	9
10	11	12	13	14	15	16
17	18	19	20	21	22	23
24	25	26	27	28	29	30
31						

What was the name of Dorothy's musician son?

A: Michael

Sat 9 | Sun 10

What was the name of the housekeeper the girls hired and were afraid had put a curse on them?

A: Marguerite

January 2021

S	M	T	W	T	F	S
					1	2
3	4	5	6	7	8	9
10	11	12	13	14	15	16
17	18	19	20	21	22	23
24	25	26	27	28	29	30
31						

Monday
11

What retirement home did Sophia think she worked at, when really they were watching her?

Sophia

A: Cypress Grove

January 2021

S	M	T	W	T	F	S
					1	2
3	4	5	6	7	8	9
10	11	12	13	14	15	16
17	18	19	20	21	22	23
24	25	26	27	28	29	30
31						

Tuesday

12

Who told Rose, "Sometimes in life, you start out down one path. Suddenly, the wind changes direction, and you find yourself swimming upstream, looking for new horizons"?

Rose

A: Sophia

January 2021

S	M	T	W	T	F	S
					1	2
3	4	5	6	7	8	9
10	11	12	13	14	15	16
17	18	19	20	21	22	23
24	25	26	27	28	29	30
31						

Wednesday

13

•

Who began renting X-rated movies when the girls got a VCR?

A: Sophia

January 2021

S	M	T	W	T	F	S
					1	2
3	4	5	6	7	8	9
10	11	12	13	14	15	16
17	18	19	20	21	22	23
24	25	26	27	28	29	30
31						

Thursday
14

Which of Blanche's boyfriends did Rose almost accidentally shoot?

A: Lester

January 2021

S	M	T	W	T	F	S
					1	2
3	4	5	6	7	8	9
10	11	12	13	14	15	16
17	18	19	20	21	22	23
24	25	26	27	28	29	30
31						

Friday
15

What nickname did Sophia often call Dorothy?

A: Pussycat

January 2021

S	M	T	W	T	F	S
					1	2
3	4	5	6	7	8	9
10	11	12	13	14	15	16
17	18	19	20	21	22	23
24	25	26	27	28	29	30
31						

Sat 16 | Sun 17

Betty White's Birthday

Who got responses from two world leaders when she wrote them to protest nuclear war?

January 2021

S	M	T	W	T	F	S
					1	2
3	4	5	6	7	8	9
10	11	12	13	14	15	16
17	18	19	20	21	22	23
24	25	26	27	28	29	30
31						

A: Rose

Monday

18

Martin Luther King Jr. Day

Who observed Sophia was "obviously doing something right. You've made it to 83"?

A: Dorothy

January 2021

S	M	T	W	T	F	S
					1	2
3	4	5	6	7	8	9
10	11	12	13	14	15	16
17	18	19	20	21	22	23
24	25	26	27	28	29	30
31						

Tuesday

19

What lighthouse did Rose start a telethon to save?

January 2021

S	M	T	W	T	F	S
					1	2
3	4	5	6	7	8	9
10	11	12	13	14	15	16
17	18	19	20	21	22	23
24	25	26	27	28	29	30
31						

Wednesday

20

◐

What delicatessen did the girls often patronize?

January 2021

S	M	T	W	T	F	S
					1	2
3	4	5	6	7	8	9
10	11	12	13	14	15	16
17	18	19	20	21	22	23
24	25	26	27	28	29	30
31						

A: Wolfie's

Thursday

21

What was the name of Blanche's nanny who had an affair with Big Daddy for over 50 years?

A: Viola Watkins

January 2021

S	M	T	W	T	F	S
					1	2
3	4	5	6	7	8	9
10	11	12	13	14	15	16
17	18	19	20	21	22	23
24	25	26	27	28	29	30
31						

Friday

22

When Dorothy questioned Blanche's dating advice to a celibate Rose, how many relationships did Blanche say she'd had?

Dorothy

A: 143 (and no convictions)

January 2021

S	M	T	W	T	F	S
					1	2
3	4	5	6	7	8	9
10	11	12	13	14	15	16
17	18	19	20	21	22	23
24	25	26	27	28	29	30
31						

Sat 23 | Sun 24

January 2021

S	M	T	W	T	F	S
					1	2
3	4	5	6	7	8	9
10	11	12	13	14	15	16
17	18	19	20	21	22	23
24	25	26	27	28	29	30
31						

Who admitted she had a problem with being competitive in athletics after she dumped Blanche as a bowling partner?

A: Rose

Monday

25

How many ingredients did Sophia's salsa grandioso have?

January 2021

S	M	T	W	T	F	S
					1	2
3	4	5	6	7	8	9
10	11	12	13	14	15	16
17	18	19	20	21	22	23
24	25	26	27	28	29	30
31						

A: 152

Tuesday

26

What paper in St. Olaf did Rose say was known for its investigative reporting?

Rose

January 2021

S	M	T	W	T	F	S
					1	2
3	4	5	6	7	8	9
10	11	12	13	14	15	16
17	18	19	20	21	22	23
24	25	26	27	28	29	30
31						

A: St. Olaf Courier Dispatch

Wednesday

27

Who said, "Tell that to my thighs," when Dorothy argued that age was just a state of mind?

January 2021

S	M	T	W	T	F	S
					1	2
3	4	5	6	7	8	9
10	11	12	13	14	15	16
17	18	19	20	21	22	23
24	25	26	27	28	29	30
31						

A: Blanche

Thursday

28

○

Who was Blanche saving the "last yank" of her nightie before it fell apart for?

Blanche

January 2021

S	M	T	W	T	F	S
					1	2
3	4	5	6	7	8	9
10	11	12	13	14	15	16
17	18	19	20	21	22	23
24	25	26	27	28	29	30
31						

A: Henry Barnsworth

Friday

29

January 2021

S	M	T	W	T	F	S
					1	2
3	4	5	6	7	8	9
10	11	12	13	14	15	16
17	18	19	20	21	22	23
24	25	26	27	28	29	30
31						

What disease did Dr. Chang diagnose Dorothy as having?

A: Chronic Fatigue Syndrome

Sat 30 | Sun 31

Who was the host of the game show, *Grab That Dough*?

January 2021

S	M	T	W	T	F	S
					1	2
3	4	5	6	7	8	9
10	11	12	13	14	15	16
17	18	19	20	21	22	23
24	25	26	27	28	29	30
31						

A: Guy Corbin

Monday

1

How many children did Sophia's son have?

February 2021

S	M	T	W	T	F	S
	1	2	3	4	5	6
7	8	9	10	11	12	13
14	15	16	17	18	19	20
21	22	23	24	25	26	27
28						

A: 10

Tuesday

2

Groundhog Day

Where did Rose get a job after the grief center closed for a time?

A: Fountain Rock coffee shop

February 2021

S	M	T	W	T	F	S
	1	2	3	4	5	6
7	8	9	10	11	12	13
14	15	16	17	18	19	20
21	22	23	24	25	26	27
28						

Wednesday

3

Who never graduated when they contracted mono in high school?

A: Rose

February 2021

S	M	T	W	T	F	S
	1	2	3	4	5	6
7	8	9	10	11	12	13
14	15	16	17	18	19	20
21	22	23	24	25	26	27
28						

Thursday

4

◑

February 2021

S	M	T	W	T	F	S
	1	2	3	4	5	6
7	8	9	10	11	12	13
14	15	16	17	18	19	20
21	22	23	24	25	26	27
28						

Which of Blanche's two middle names did her nanny use when calling her?

Blanche

A: Marie

Friday

5

Constitution Day (MEX)

Which of Dorothy's uncles was coming to visit at the same time as one of Rose's cousins?

A: Uncle Vito

February 2021

S	M	T	W	T	F	S
	1	2	3	4	5	6
7	8	9	10	11	12	13
14	15	16	17	18	19	20
21	22	23	24	25	26	27
28						

Sat 6 | Sun 7

After seeing a psychiatrist who felt the girls shouldn't live together, who said, "Just because you have some rough times doesn't mean you throw in the towel"?

February 2021

S	M	T	W	T	F	S
	1	2	3	4	5	6
7	8	9	10	11	12	13
14	15	16	17	18	19	20
21	22	23	24	25	26	27
28						

A: Sophia

Monday

8

Where did Sophia buy 600 toothbrushes (half pink, half blue)?

February 2021

S	M	T	W	T	F	S
	1	2	3	4	5	6
7	8	9	10	11	12	13
14	15	16	17	18	19	20
21	22	23	24	25	26	27
28						

A: Shopper's Warehouse

Tuesday
9

Where did Rose accidentally book the girls a vacation one Valentine's Day?

A: Sunny Meadows, a clothing-optional resort

February 2021

S	M	T	W	T	F	S
	1	2	3	4	5	6
7	8	9	10	11	12	13
14	15	16	17	18	19	20
21	22	23	24	25	26	27
28						

Wednesday
10

What famous artist's work did the girls buy, thinking he was dying and it would increase in value?

A: Jasper DeKimmel

February 2021

S	M	T	W	T	F	S
	1	2	3	4	5	6
7	8	9	10	11	12	13
14	15	16	17	18	19	20
21	22	23	24	25	26	27
28						

Thursday

11

•

February 2021

S	M	T	W	T	F	S
	1	2	3	4	5	6
7	8	9	10	11	12	13
14	15	16	17	18	19	20
21	22	23	24	25	26	27
28						

Who was Blanche's first lover?

Blanche

A: "Billy...or Bobby. Or was it Ben? Anyway, it started with a 'B.'"

Friday

12

Lincoln's Birthday

Chinese New Year

Which of Dorothy's aunts claimed Sophia would have bad luck in her second marriage unless she had Dorothy's blessing?

February 2021

S	M	T	W	T	F	S
	1	2	3	4	5	6
7	8	9	10	11	12	13
14	15	16	17	18	19	20
21	22	23	24	25	26	27
28						

A: Regina

Sat
13

Sun
14
Valentine's Day

February 2021

S	M	T	W	T	F	S
	1	2	3	4	5	6
7	8	9	10	11	12	13
14	15	16	17	18	19	20
21	22	23	24	25	26	27
28						

Who told a small football player, "If you learn in life to follow the rules and play fair, you'll be heads above the crowd"?

A: Sophia

Monday

15

Presidents' Day

National Flag of Canada Day

Family Day (CAN)

February 2021

S	M	T	W	T	F	S
	1	2	3	4	5	6
7	8	9	10	11	12	13
14	15	16	17	18	19	20
21	22	23	24	25	26	27
28						

Where were the Olympics Sophia claimed to want to compete in?

A: Seoul, South Korea

Tuesday

16

February 2021

S	M	T	W	T	F	S
	1	2	3	4	5	6
7	8	9	10	11	12	13
14	15	16	17	18	19	20
21	22	23	24	25	26	27
28						

Where did Rose study Latin?

A: St. Gustav University (or Aintsoy Ustavgay in "Latin")

Wednesday

17

Ash Wednesday

What did Stan invent that finally made him rich?

A: Zbornee, America's first baked-potato opener

February 2021

S	M	T	W	T	F	S
	1	2	3	4	5	6
7	8	9	10	11	12	13
14	15	16	17	18	19	20
21	22	23	24	25	26	27
28						

Thursday
18

February 2021

S	M	T	W	T	F	S
	1	2	3	4	5	6
7	8	9	10	11	12	13
14	15	16	17	18	19	20
21	22	23	24	25	26	27
28						

Which of Blanche's ancestors married a Yankee?

A: Walker Roquet

Friday

19

◐

Who did Dorothy promise to introduce Blanche to if she would keep Stan company for an evening?

A: Geoffrey's naval officer friends (some who'd been at sea over six months)

February 2021

S	M	T	W	T	F	S
	1	2	3	4	5	6
7	8	9	10	11	12	13
14	15	16	17	18	19	20
21	22	23	24	25	26	27
28						

Sat 20 | **Sun** 21

Rue McClanahan's Birthday

Who did Blanche say was the only man who knew how to push all her buttons?

A: A cabana boy in Pensacola

February 2021

S	M	T	W	T	F	S
	1	2	3	4	5	6
7	8	9	10	11	12	13
14	15	16	17	18	19	20
21	22	23	24	25	26	27
28						

Monday

22

Washington's Birthday

Who did Sophia date who pretended to rob a bank to impress her?

February 2021

S	M	T	W	T	F	S
	1	2	3	4	5	6
7	8	9	10	11	12	13
14	15	16	17	18	19	20
21	22	23	24	25	26	27
28						

A: Rocco

Tuesday

23

February 2021

S	M	T	W	T	F	S
	1	2	3	4	5	6
7	8	9	10	11	12	13
14	15	16	17	18	19	20
21	22	23	24	25	26	27
28						

What was Rose's "Lindstrom surprise" dish?

A: Herring pie

Wednesday
24

Flag Day (MEX)

Who said, "Sex is only good when your heart's in it, and that's the one organ I can't count on"?

A: Blanche

February 2021

S	M	T	W	T	F	S
	1	2	3	4	5	6
7	8	9	10	11	12	13
14	15	16	17	18	19	20
21	22	23	24	25	26	27
28						

Thursday 25

Purim begins at sundown

February 2021

S	M	T	W	T	F	S
	1	2	3	4	5	6
7	8	9	10	11	12	13
14	15	16	17	18	19	20
21	22	23	24	25	26	27
28						

What did Blanche offer the mailman recovering from a hernia operation?

A: Café Vienna and a warm bath

Friday

26

Who was the first man Dorothy was with after Stan left her?

A: Her divorce lawyer

February 2021

S	M	T	W	T	F	S
	1	2	3	4	5	6
7	8	9	10	11	12	13
14	15	16	17	18	19	20
21	22	23	24	25	26	27
28						

Sat **27** ○

Sun **28**

Who decided to become a nun after her best friend died?

February 2021

S	M	T	W	T	F	S
	1	2	3	4	5	6
7	8	9	10	11	12	13
14	15	16	17	18	19	20
21	22	23	24	25	26	27
28						

A: Sophia

Monday

1

How much cash did Sophia want to give her daughter after greed clouded Dorothy's judgment on the game show?

A: $50

March 2021

S	M	T	W	T	F	S
	1	2	3	4	5	6
7	8	9	10	11	12	13
14	15	16	17	18	19	20
21	22	23	24	25	26	27
28	29	30	31			

Tuesday

2

March 2021

S	M	T	W	T	F	S
	1	2	3	4	5	6
7	8	9	10	11	12	13
14	15	16	17	18	19	20
21	22	23	24	25	26	27
28	29	30	31			

Who did Rose's date Karl turn out to be?

A: The gangster, Mickey "The Cheeseman" Moran

Wednesday

3

Who inherited her father's gambling problem?

A: Dorothy

March 2021

S	M	T	W	T	F	S
	1	2	3	4	5	6
7	8	9	10	11	12	13
14	15	16	17	18	19	20
21	22	23	24	25	26	27
28	29	30	31			

Thursday

4

Who accidentally read Blanche's diary and commented, "I was 20 pages in before I realized it wasn't a Sidney Sheldon novel"?

Blanche

March 2021

S	M	T	W	T	F	S
	1	2	3	4	5	6
7	8	9	10	11	12	13
14	15	16	17	18	19	20
21	22	23	24	25	26	27
28	29	30	31			

A: Rose

Friday
5

March 2021

S	M	T	W	T	F	S
	1	2	3	4	5	6
7	8	9	10	11	12	13
14	15	16	17	18	19	20
21	22	23	24	25	26	27
28	29	30	31			

Why was Dorothy concerned about her son Michael marrying the woman he loved?

A: Age difference

Sat 6 ◑

Sun 7

Who was better in dirty dancing class: Rose or Blanche?

March 2021

S	M	T	W	T	F	S
	1	2	3	4	5	6
7	8	9	10	11	12	13
14	15	16	17	18	19	20
21	22	23	24	25	26	27
28	29	30	31			

A: Rose

Monday

8

March 2021

S	M	T	W	T	F	S
	1	2	3	4	5	6
7	8	9	10	11	12	13
14	15	16	17	18	19	20
21	22	23	24	25	26	27
28	29	30	31			

In what shoe store did Sophia always terrorize the salespeople?

Sophia

A: Shimshack

Tuesday

9

March 2021

S	M	T	W	T	F	S
	1	2	3	4	5	6
7	8	9	10	11	12	13
14	15	16	17	18	19	20
21	22	23	24	25	26	27
28	29	30	31			

What did Rose think the nickname of New York City was?

A: The Big Potato

Wednesday

10

March 2021

S	M	T	W	T	F	S
	1	2	3	4	5	6
7	8	9	10	11	12	13
14	15	16	17	18	19	20
21	22	23	24	25	26	27
28	29	30	31			

What was the name of neighbor Harry Weston's dog?

A: Dreyfuss

Thursday

11

Who mysteriously had all records of Blanche's age on official documents deleted?

A: The governor

March 2021

S	M	T	W	T	F	S
	1	2	3	4	5	6
7	8	9	10	11	12	13
14	15	16	17	18	19	20
21	22	23	24	25	26	27
28	29	30	31			

Friday

12

Where did Dorothy do stand-up comedy during an amateur night?

Dorothy

March 2021

S	M	T	W	T	F	S
	1	2	3	4	5	6
7	8	9	10	11	12	13
14	15	16	17	18	19	20
21	22	23	24	25	26	27
28	29	30	31			

A: The Comedy Barrel

Sat
13
•

Sun
14
Daylight Saving Time begins

What was the name of Grammy Hollingsworth's plantation?

March 2021

S	M	T	W	T	F	S
	1	2	3	4	5	6
7	8	9	10	11	12	13
14	15	16	17	18	19	20
21	22	23	24	25	26	27
28	29	30	31			

A: Grand View

Monday

15

Where did Sal carve a heart for Sophia in their old Brooklyn apartment?

A: Their bedroom closet

March 2021

S	M	T	W	T	F	S
	1	2	3	4	5	6
7	8	9	10	11	12	13
14	15	16	17	18	19	20
21	22	23	24	25	26	27
28	29	30	31			

Tuesday

16

Who was Rose's natural father?

March 2021

S	M	T	W	T	F	S
	1	2	3	4	5	6
7	8	9	10	11	12	13
14	15	16	17	18	19	20
21	22	23	24	25	26	27
28	29	30	31			

A: Brother Martin, the monk

Wednesday

17

St. Patrick's Day

What hospital did the shot Officer Bobby Hokins get taken to?

March 2021

S	M	T	W	T	F	S
	1	2	3	4	5	6
7	8	9	10	11	12	13
14	15	16	17	18	19	20
21	22	23	24	25	26	27
28	29	30	31			

A: Biscayne General Hospital

Thursday

18

Who were the two Chucks Blanche knew at Shell?

March 2021

S	M	T	W	T	F	S
	1	2	3	4	5	6
7	8	9	10	11	12	13
14	15	16	17	18	19	20
21	22	23	24	25	26	27
28	29	30	31			

A: Big Chuck and Little Chuck

Friday

19

Where did Dorothy try to get Michael to apply for a job as a saxophone player?

Dorothy

A: Hacienda Hut cocktail lounge

March 2021

S	M	T	W	T	F	S
	1	2	3	4	5	6
7	8	9	10	11	12	13
14	15	16	17	18	19	20
21	22	23	24	25	26	27
28	29	30	31			

Sat	Sun
20	21
Spring begins	Benito Juárez's Birthday (MEX) ◐

What dessert helped the girls bond when they first moved in together?

March 2021

S	M	T	W	T	F	S
	1	2	3	4	5	6
7	8	9	10	11	12	13
14	15	16	17	18	19	20
21	22	23	24	25	26	27
28	29	30	31			

A: Chocolate cheesecake

Monday

22

March 2021

S	M	T	W	T	F	S
	1	2	3	4	5	6
7	8	9	10	11	12	13
14	15	16	17	18	19	20
21	22	23	24	25	26	27
28	29	30	31			

Who did Sophia push Stan to get together with after his therapy ended?

Sophia

A: Gloria

Tuesday

23

March 2021

S	M	T	W	T	F	S
	1	2	3	4	5	6
7	8	9	10	11	12	13
14	15	16	17	18	19	20
21	22	23	24	25	26	27
28	29	30	31			

Which of Rose's suitors was actually in the Witness Protection Program?

A: Miles (a.k.a. Nicholas Carbone)

Wednesday
24

Where did the girls try to sleep after coming back from Edna McCarthy's funeral?

March 2021

S	M	T	W	T	F	S
	1	2	3	4	5	6
7	8	9	10	11	12	13
14	15	16	17	18	19	20
21	22	23	24	25	26	27
28	29	30	31			

A: Wooden benches in the railway station

Thursday

25

Which of her grandchildren did Blanche enter in the Little Miss Miami pageant?

A: Melissa

March 2021

S	M	T	W	T	F	S
	1	2	3	4	5	6
7	8	9	10	11	12	13
14	15	16	17	18	19	20
21	22	23	24	25	26	27
28	29	30	31			

Friday

26

March 2021

S	M	T	W	T	F	S
	1	2	3	4	5	6
7	8	9	10	11	12	13
14	15	16	17	18	19	20
21	22	23	24	25	26	27
28	29	30	31			

Where did Dorothy and Stan plan to go on their second honeymoon?

A: Aruba

Sat
27
Passover begins at sundown

Sun
28
Palm Sunday
○

March 2021

S	M	T	W	T	F	S
	1	2	3	4	5	6
7	8	9	10	11	12	13
14	15	16	17	18	19	20
21	22	23	24	25	26	27
28	29	30	31			

Where did the girls go for vacation when they got shipwrecked?

A: Caribbean

Monday

29

Who did Sophia first wed in Sicily before the marriage was annulled?

Sophia

A: Guido Spirelli

March 2021

S	M	T	W	T	F	S
	1	2	3	4	5	6
7	8	9	10	11	12	13
14	15	16	17	18	19	20
21	22	23	24	25	26	27
28	29	30	31			

Tuesday
30

What was the name of Rose's uncle who used to be the editor of the *American Journal of Abnormal Psychology*?

March 2021

S	M	T	W	T	F	S
	1	2	3	4	5	6
7	8	9	10	11	12	13
14	15	16	17	18	19	20
21	22	23	24	25	26	27
28	29	30	31			

A: Gunther

Wednesday

31

Where did Big Daddy honeymoon for his second marriage?

March 2021

S	M	T	W	T	F	S
	1	2	3	4	5	6
7	8	9	10	11	12	13
14	15	16	17	18	19	20
21	22	23	24	25	26	27
28	29	30	31			

A: Bahamas

Thursday

1

April Fools' Day

April 2021

S	M	T	W	T	F	S
				1	2	3
4	5	6	7	8	9	10
11	12	13	14	15	16	17
18	19	20	21	22	23	24
25	26	27	28	29	30	

When Blanche reacted badly to her gay brother's fiancé, who gave her the reminder that "Everyone wants someone to grow old with"?

A: Sophia

Friday

2

Good Friday

Where did Sophia say Dorothy was born?

A: McSorley's Bar (on a pinochle table)

April 2021

S	M	T	W	T	F	S
				1	2	3
4	5	6	7	8	9	10
11	12	13	14	15	16	17
18	19	20	21	22	23	24
25	26	27	28	29	30	

Sat
3

Sun
4
Easter
◑

Who was the dentist and librarian in St. Olaf?

April 2021

S	M	T	W	T	F	S
				1	2	3
4	5	6	7	8	9	10
11	12	13	14	15	16	17
18	19	20	21	22	23	24
25	26	27	28	29	30	

A: Ernest Minky

Monday

5

Easter Monday (CAN)

What did Sophia call Phil's wife?

Sophia

A: Big Sally (despite her name being Angela)

April 2021

S	M	T	W	T	F	S
				1	2	3
4	5	6	7	8	9	10
11	12	13	14	15	16	17
18	19	20	21	22	23	24
25	26	27	28	29	30	

Tuesday

6

What did Rose often call her sometimes sour roommates?

April 2021

S	M	T	W	T	F	S
				1	2	3
4	5	6	7	8	9	10
11	12	13	14	15	16	17
18	19	20	21	22	23	24
25	26	27	28	29	30	

A: Gloomy Guses

Wednesday

7

What town did Heinrich von Anderdonnen found?

A: St. Olaf

April 2021

S	M	T	W	T	F	S
				1	2	3
4	5	6	7	8	9	10
11	12	13	14	15	16	17
18	19	20	21	22	23	24
25	26	27	28	29	30	

Thursday

8

Holocaust Remembrance Day

Which of Blanche's exes put her obituary in the paper and claimed she was 68?

A: Chugger Dietz

April 2021

S	M	T	W	T	F	S
				1	2	3
4	5	6	7	8	9	10
11	12	13	14	15	16	17
18	19	20	21	22	23	24
25	26	27	28	29	30	

Friday

9

What did Dorothy's father want her to be?

A: Cosmetician at a funeral parlor

April 2021

S	M	T	W	T	F	S
				1	2	3
4	5	6	7	8	9	10
11	12	13	14	15	16	17
18	19	20	21	22	23	24
25	26	27	28	29	30	

Sat 10 | Sun 11

What was the sister city of St. Olaf?

April 2021

S	M	T	W	T	F	S
				1	2	3
4	5	6	7	8	9	10
11	12	13	14	15	16	17
18	19	20	21	22	23	24
25	26	27	28	29	30	

A: St. Gustav

Monday

12

Ramadan begins at sundown

●

Who was Sophia arranged to be married to and left her at the altar?

A: Giuseppe Mangiacavallo

April 2021

S	M	T	W	T	F	S
				1	2	3
4	5	6	7	8	9	10
11	12	13	14	15	16	17
18	19	20	21	22	23	24
25	26	27	28	29	30	

Tuesday

13

In St. Olaf, how old are citizens when they sign a pledge not to do anything "wild, crazy, and impetuous"?

April 2021

S	M	T	W	T	F	S
				1	2	3
4	5	6	7	8	9	10
11	12	13	14	15	16	17
18	19	20	21	22	23	24
25	26	27	28	29	30	

Wednesday

14

Where did Stan and Chrissy have a new house?

April 2021

S	M	T	W	T	F	S
				1	2	3
4	5	6	7	8	9	10
11	12	13	14	15	16	17
18	19	20	21	22	23	24
25	26	27	28	29	30	

A: Maui

Thursday

15

What was the name of Blanche's grandmother?

A: Marcelle Doboval

April 2021

S	M	T	W	T	F	S
				1	2	3
4	5	6	7	8	9	10
11	12	13	14	15	16	17
18	19	20	21	22	23	24
25	26	27	28	29	30	

Friday

16

Where did Dr. Harry Weston see Dorothy when no one could diagnose her illness?

Dorothy

April 2021

S	M	T	W	T	F	S
				1	2	3
4	5	6	7	8	9	10
11	12	13	14	15	16	17
18	19	20	21	22	23	24
25	26	27	28	29	30	

A: Community Medical Center

Sat | Sun

17 | 18

Where was the ad Rose and Dorothy answered to share Blanche's house?

A: The supermarket

April 2021

S	M	T	W	T	F	S
				1	2	3
4	5	6	7	8	9	10
11	12	13	14	15	16	17
18	19	20	21	22	23	24
25	26	27	28	29	30	

Monday
19

Where did Sophia's husband run a pizza-knish stand for a time?

Sophia

A: Coney Island

April 2021

S	M	T	W	T	F	S
				1	2	3
4	5	6	7	8	9	10
11	12	13	14	15	16	17
18	19	20	21	22	23	24
25	26	27	28	29	30	

Tuesday

20

◐

What was Rose's last name?

A: Nylund

April 2021

S	M	T	W	T	F	S
				1	2	3
4	5	6	7	8	9	10
11	12	13	14	15	16	17
18	19	20	21	22	23	24
25	26	27	28	29	30	

Wednesday
21

Administrative Professionals Day

What was the name of the girls' wedding catering business?

April 2021

S	M	T	W	T	F	S
				1	2	3
4	5	6	7	8	9	10
11	12	13	14	15	16	17
18	19	20	21	22	23	24
25	26	27	28	29	30	

A: Miami Moms Catering

The Golden Girls

Thursday

22

Earth Day

Who was Blanche's older sister?

A: Charmaine

April 2021

S	M	T	W	T	F	S
				1	2	3
4	5	6	7	8	9	10
11	12	13	14	15	16	17
18	19	20	21	22	23	24
25	26	27	28	29	30	

Friday
23

April 2021

S	M	T	W	T	F	S
				1	2	3
4	5	6	7	8	9	10
11	12	13	14	15	16	17
18	19	20	21	22	23	24
25	26	27	28	29	30	

Where did Dorothy and Stan first make love?

Dorothy

A: Drive-in theater

Sat | Sun
24 | 25

Whose father didn't like his daughter dating a British exchange student, saying the "language barrier" would never let the relationship work out?

A: Rose

April 2021

S	M	T	W	T	F	S
				1	2	3
4	5	6	7	8	9	10
11	12	13	14	15	16	17
18	19	20	21	22	23	24
25	26	27	28	29	30	

Monday
26

With whom did Sophia have her first kiss when she was young?

Sophia

A: Augustine Bagatelli

April 2021

S	M	T	W	T	F	S
				1	2	3
4	5	6	7	8	9	10
11	12	13	14	15	16	17
18	19	20	21	22	23	24
25	26	27	28	29	30	

The Golden Girls

Tuesday

27

April 2021

S	M	T	W	T	F	S
				1	2	3
4	5	6	7	8	9	10
11	12	13	14	15	16	17
18	19	20	21	22	23	24
25	26	27	28	29	30	

What was Rose's father's profession?

A: Dairy farmer

Wednesday

28

What is Big Daddy's last name?

April 2021

S	M	T	W	T	F	S
				1	2	3
4	5	6	7	8	9	10
11	12	13	14	15	16	17
18	19	20	21	22	23	24
25	26	27	28	29	30	

A: Hollingsworth

Thursday

29

Where did the high school-aged Blanche almost get married on Mother's Day?

Blanche

April 2021

S	M	T	W	T	F	S
				1	2	3
4	5	6	7	8	9	10
11	12	13	14	15	16	17
18	19	20	21	22	23	24
25	26	27	28	29	30	

A: Bubba's Chapel of Bliss and Tackle Shop

Friday
30

April 2021

S	M	T	W	T	F	S
				1	2	3
4	5	6	7	8	9	10
11	12	13	14	15	16	17
18	19	20	21	22	23	24
25	26	27	28	29	30	

What local novelist did Dorothy become friends with?

Dorothy

A: Barbara Thorndyke

Sat
1

May Day

Labor Day (MEX)

Sun
2

May 2021

S	M	T	W	T	F	S
						1
2	3	4	5	6	7	8
9	10	11	12	13	14	15
16	17	18	19	20	21	22
23	24	25	26	27	28	29
30	31					

Who did Angela accuse of kissing her husband Carmine 30 years ago?

A: Sophia

Monday

3

◑

Which of Sophia's children called on Mother's Day and asked to speak to Queen Elizabeth?

A: Phil, claiming he was the Duke of Windsor

May 2021

S	M	T	W	T	F	S
						1
2	3	4	5	6	7	8
9	10	11	12	13	14	15
16	17	18	19	20	21	22
23	24	25	26	27	28	29
30	31					

Tuesday

4

Where did Rose first work when she moved in with the other girls?

A: Grief counseling center

May 2021

S	M	T	W	T	F	S
						1
2	3	4	5	6	7	8
9	10	11	12	13	14	15
16	17	18	19	20	21	22
23	24	25	26	27	28	29
30	31					

Wednesday

5

Battle of Puebla Day (MEX)

May 2021

S	M	T	W	T	F	S
						1
2	3	4	5	6	7	8
9	10	11	12	13	14	15
16	17	18	19	20	21	22
23	24	25	26	27	28	29
30	31					

What was the name of Big Daddy's second wife?

A: Margaret Spencer

Thursday

6

Who were the twins Blanche went on a date with?

Blanche

May 2021

S	M	T	W	T	F	S
						1
2	3	4	5	6	7	8
9	10	11	12	13	14	15
16	17	18	19	20	21	22
23	24	25	26	27	28	29
30	31					

A: Bob and Rob

Friday

7

What was Dorothy's last name?

A: Zbornak

May 2021

S	M	T	W	T	F	S
						1
2	3	4	5	6	7	8
9	10	11	12	13	14	15
16	17	18	19	20	21	22
23	24	25	26	27	28	29
30	31					

Sat
8

Sun
9
Mother's Day

What family did the Petrillos have a vendetta against, until they all died from sausages they shouldn't have eaten?

A: Valducci

May 2021

S	M	T	W	T	F	S
						1
2	3	4	5	6	7	8
9	10	11	12	13	14	15
16	17	18	19	20	21	22
23	24	25	26	27	28	29
30	31					

Monday
10

Mother's Day (MEX)

What musical triplets did Sophia manage?

A: Donatello Triplets

May 2021

S	M	T	W	T	F	S
						1
2	3	4	5	6	7	8
9	10	11	12	13	14	15
16	17	18	19	20	21	22
23	24	25	26	27	28	29
30	31					

Tuesday

11

According to Rose's résumé, her hobbies were cheese making, stamp collecting, and what else?

Rose

A: Viking history

May 2021

S	M	T	W	T	F	S
						1
2	3	4	5	6	7	8
9	10	11	12	13	14	15
16	17	18	19	20	21	22
23	24	25	26	27	28	29
30	31					

Wednesday

12

Eid al-Fitr begins at sundown

May 2021

S	M	T	W	T	F	S
						1
2	3	4	5	6	7	8
9	10	11	12	13	14	15
16	17	18	19	20	21	22
23	24	25	26	27	28	29
30	31					

Whose grandfather Ziggy invented a low-voltage meter for detecting types of candy centers?

A: Rose

Thursday

13

Bea Arthur's Birthday

What profession did Dorothy's boyfriend Ken leave the legal profession (and her) for?

Dorothy

May 2021

S	M	T	W	T	F	S
						1
2	3	4	5	6	7	8
9	10	11	12	13	14	15
16	17	18	19	20	21	22
23	24	25	26	27	28	29
30	31					

A: Circus clown

Friday
14

May 2021

S	M	T	W	T	F	S
						1
2	3	4	5	6	7	8
9	10	11	12	13	14	15
16	17	18	19	20	21	22
23	24	25	26	27	28	29
30	31					

What homeless shelter did the girls spend the night in while trying to find their lost lottery ticket?

A: Mission Street

Sat 15
Armed Forces Day

Sun 16

By the time they went to see a psychiatrist, how long had the girls been living together?

A: Five years

May 2021

S	M	T	W	T	F	S
						1
2	3	4	5	6	7	8
9	10	11	12	13	14	15
16	17	18	19	20	21	22
23	24	25	26	27	28	29
30	31					

Monday

17

May 2021

S	M	T	W	T	F	S
						1
2	3	4	5	6	7	8
9	10	11	12	13	14	15
16	17	18	19	20	21	22
23	24	25	26	27	28	29
30	31					

A: Uncle Carlo

Tuesday

18

Which of Rose's uncles had a bad back and was a coal "mimer"?

May 2021

S	M	T	W	T	F	S
						1
2	3	4	5	6	7	8
9	10	11	12	13	14	15
16	17	18	19	20	21	22
23	24	25	26	27	28	29
30	31					

A: Gustav

Wednesday
19

◐

What was the name of Stan's brother?

A: Ted

May 2021

S	M	T	W	T	F	S
						1
2	3	4	5	6	7	8
9	10	11	12	13	14	15
16	17	18	19	20	21	22
23	24	25	26	27	28	29
30	31					

Thursday

20

At a dance marathon contest, Blanche told which boyfriend, "I love you as much as I could any dry cleaner"?

May 2021

S	M	T	W	T	F	S
						1
2	3	4	5	6	7	8
9	10	11	12	13	14	15
16	17	18	19	20	21	22
23	24	25	26	27	28	29
30	31					

Friday
21

Who was Dorothy's practical joke-playing best friend from high school?

A: Trudy McMann

May 2021

S	M	T	W	T	F	S
						1
2	3	4	5	6	7	8
9	10	11	12	13	14	15
16	17	18	19	20	21	22
23	24	25	26	27	28	29
30	31					

Sat	Sun
22	23

Who was Stanley's third wife?

A: Katherine

May 2021

S	M	T	W	T	F	S
						1
2	3	4	5	6	7	8
9	10	11	12	13	14	15
16	17	18	19	20	21	22
23	24	25	26	27	28	29
30	31					

Monday

24

Victoria Day (CAN)

What about the man Sophia was marrying prevented her from putting a Sicilian curse on her eldest daughter?

Sophia

A: He was under 5' 7".

May 2021

S	M	T	W	T	F	S
						1
2	3	4	5	6	7	8
9	10	11	12	13	14	15
16	17	18	19	20	21	22
23	24	25	26	27	28	29
30	31					

Tuesday

25

Where did Rose scatter Mr. Claxton's ashes?

A: The tree in her yard, to prevent it being cut down

May 2021

S	M	T	W	T	F	S
						1
2	3	4	5	6	7	8
9	10	11	12	13	14	15
16	17	18	19	20	21	22
23	24	25	26	27	28	29
30	31					

Wednesday

26

May 2021

S	M	T	W	T	F	S
						1
2	3	4	5	6	7	8
9	10	11	12	13	14	15
16	17	18	19	20	21	22
23	24	25	26	27	28	29
30	31					

Who was George Devereaux's brother?

A: Jamie

Thursday

27

Which of Blanche's boyfriends owned the most successful chain of funeral homes in Greater Miami?

A: Gary Tucker

May 2021

S	M	T	W	T	F	S
						1
2	3	4	5	6	7	8
9	10	11	12	13	14	15
16	17	18	19	20	21	22
23	24	25	26	27	28	29
30	31					

Friday

28

Where was the top-secret base Dorothy claimed Geoffrey was being transferred to when he dumped her?

A: Aleutian Islands

May 2021

S	M	T	W	T	F	S
						1
2	3	4	5	6	7	8
9	10	11	12	13	14	15
16	17	18	19	20	21	22
23	24	25	26	27	28	29
30	31					

Sat | Sun

29 | 30

Who separated from his wife Lorraine, saying she didn't understand he was a free spirit?

A: Michael Zbornak

May 2021

S	M	T	W	T	F	S
						1
2	3	4	5	6	7	8
9	10	11	12	13	14	15
16	17	18	19	20	21	22
23	24	25	26	27	28	29
30	31					

Monday

31

Memorial Day

May 2021

S	M	T	W	T	F	S
						1
2	3	4	5	6	7	8
9	10	11	12	13	14	15
16	17	18	19	20	21	22
23	24	25	26	27	28	29
30	31					

What was the name of Sophia's sister from Sicily?

A: Angela

Tuesday

1

June 2021

S	M	T	W	T	F	S
		1	2	3	4	5
6	7	8	9	10	11	12
13	14	15	16	17	18	19
20	21	22	23	24	25	26
27	28	29	30			

What sorority did Rose belong to?

Rose

A: Alpha Yams

Wednesday

2

◑

June 2021

S	M	T	W	T	F	S
		1	2	3	4	5
6	7	8	9	10	11	12
13	14	15	16	17	18	19
20	21	22	23	24	25	26
27	28	29	30			

Where did Phil Petrillo die of a heart attack?

A: Big Gals Pay Less

Thursday

3

June 2021

S	M	T	W	T	F	S
		1	2	3	4	5
6	7	8	9	10	11	12
13	14	15	16	17	18	19
20	21	22	23	24	25	26
27	28	29	30			

Who did Blanche date during her sorority years, who had "long floppy ears, kind of like a basset hound"?

Blanche

A: Preston Bougainvillea

Friday

4

June 2021

S	M	T	W	T	F	S
		1	2	3	4	5
6	7	8	9	10	11	12
13	14	15	16	17	18	19
20	21	22	23	24	25	26
27	28	29	30			

Which of Dorothy's old crushes came to Miami and she discovered he was gay?

Dorothy

A: Barry Glick

Sat **5** | Sun **6**

What did Rebecca name her baby?

June 2021

S	M	T	W	T	F	S
		1	2	3	4	5
6	7	8	9	10	11	12
13	14	15	16	17	18	19
20	21	22	23	24	25	26
27	28	29	30			

A: Aurora

Monday

7

At what pirate-themed restaurant did Sophia get a job?

Sophia

A: Captain Jack's Seafood Shanty

June 2021

S	M	T	W	T	F	S
		1	2	3	4	5
6	7	8	9	10	11	12
13	14	15	16	17	18	19
20	21	22	23	24	25	26
27	28	29	30			

Tuesday

8

At what carnival in St. Olaf did Rose's parents leave her when she was nine?

A: Deep-Root Vegetable Carnival

June 2021

S	M	T	W	T	F	S
		1	2	3	4	5
6	7	8	9	10	11	12
13	14	15	16	17	18	19
20	21	22	23	24	25	26
27	28	29	30			

Wednesday

9

June 2021

S	M	T	W	T	F	S
		1	2	3	4	5
6	7	8	9	10	11	12
13	14	15	16	17	18	19
20	21	22	23	24	25	26
27	28	29	30			

Who died and left Stan an apartment building?

A: Uncle Morris

Thursday

10

June 2021

S	M	T	W	T	F	S
		1	2	3	4	5
6	7	8	9	10	11	12
13	14	15	16	17	18	19
20	21	22	23	24	25	26
27	28	29	30			

Where did Blanche say Virginia had been the Father's Day when she was 16?

Blanche

A: Good Samaritan Academy for the Knocked-Up

Friday

11

Which of Dorothy's lesbian friends came to visit and developed a crush on Rose?

A: Jean

June 2021

S	M	T	W	T	F	S
		1	2	3	4	5
6	7	8	9	10	11	12
13	14	15	16	17	18	19
20	21	22	23	24	25	26
27	28	29	30			

Sat 12 | Sun 13

Which of the girls' husbands showed up in a double-exposure photo of Blanche in bed?

A: Charlie

June 2021

S	M	T	W	T	F	S
		1	2	3	4	5
6	7	8	9	10	11	12
13	14	15	16	17	18	19
20	21	22	23	24	25	26
27	28	29	30			

Monday

14

Flag Day

What church did Sophia go to, to play the big Bingo game?

Sophia

A: St. Dominic's

June 2021

S	M	T	W	T	F	S
		1	2	3	4	5
6	7	8	9	10	11	12
13	14	15	16	17	18	19
20	21	22	23	24	25	26
27	28	29	30			

Tuesday

15

What was the name of Rose's blind sister?

June 2021

S	M	T	W	T	F	S
		1	2	3	4	5
6	7	8	9	10	11	12
13	14	15	16	17	18	19
20	21	22	23	24	25	26
27	28	29	30			

A: Lily

Wednesday

16

Who claimed of her words of wisdom, "If my name were Mark Twain, you'd be writing this stuff down"?

A: Sophia

June 2021

S	M	T	W	T	F	S
		1	2	3	4	5
6	7	8	9	10	11	12
13	14	15	16	17	18	19
20	21	22	23	24	25	26
27	28	29	30			

Thursday

17

Which of Blanche's daughters didn't speak to her for four years?

A: Rebecca

June 2021

S	M	T	W	T	F	S
		1	2	3	4	5
6	7	8	9	10	11	12
13	14	15	16	17	18	19
20	21	22	23	24	25	26
27	28	29	30			

Friday

18

◐

What state did Dorothy's sister live in?

June 2021

S	M	T	W	T	F	S
		1	2	3	4	5
6	7	8	9	10	11	12
13	14	15	16	17	18	19
20	21	22	23	24	25	26
27	28	29	30			

A: California

Sat	Sun
19	20
	Father's Day

What type of animals did the girls consider breeding for fur?

June 2021

S	M	T	W	T	F	S
		1	2	3	4	5
6	7	8	9	10	11	12
13	14	15	16	17	18	19
20	21	22	23	24	25	26
27	28	29	30			

A: Mink

Monday

21

Summer begins

What ride at Disney World did Sophia finally enjoy when she and Dorothy went on their "quality time" trip?

Sophia

A: Space Mountain

June 2021

S	M	T	W	T	F	S
		1	2	3	4	5
6	7	8	9	10	11	12
13	14	15	16	17	18	19
20	21	22	23	24	25	26
27	28	29	30			

Tuesday

22

June 2021

S	M	T	W	T	F	S
		1	2	3	4	5
6	7	8	9	10	11	12
13	14	15	16	17	18	19
20	21	22	23	24	25	26
27	28	29	30			

What youth group did Rose help out with?

A: Sunshine Cadets

Wednesday

23

June 2021

S	M	T	W	T	F	S
		1	2	3	4	5
6	7	8	9	10	11	12
13	14	15	16	17	18	19
20	21	22	23	24	25	26
27	28	29	30			

Where did Uncle Angelo move into when he came to Miami?

A: Stan and Dorothy's apartment building

Thursday

24

Saint-Jean-Baptiste Day (CAN)

○

June 2021

S	M	T	W	T	F	S
		1	2	3	4	5
6	7	8	9	10	11	12
13	14	15	16	17	18	19
20	21	22	23	24	25	26
27	28	29	30			

How did Blanche get the lead in the community theater five years in a row?

Blanche

A: She slept with the theater director

Friday

25

June 2021

S	M	T	W	T	F	S
		1	2	3	4	5
6	7	8	9	10	11	12
13	14	15	16	17	18	19
20	21	22	23	24	25	26
27	28	29	30			

Who was the man Dorothy helped to leave his apartment for the first time in 22 years?

A: Jimmy

Sat 26 | Sun 27

Which famous sculptor led each girl to believe she was his muse and pose for him nude?

June 2021

S	M	T	W	T	F	S
		1	2	3	4	5
6	7	8	9	10	11	12
13	14	15	16	17	18	19
20	21	22	23	24	25	26
27	28	29	30			

A: Laszlo Gregorian

Monday

28

When Sophia had a hernia, what did she suspect the girls would put in her room after she was taken to Shady Pines?

Sophia

A: Wet bar

June 2021

S	M	T	W	T	F	S
		1	2	3	4	5
6	7	8	9	10	11	12
13	14	15	16	17	18	19
20	21	22	23	24	25	26
27	28	29	30			

Tuesday

29

What was the name of Rose's teddy bear that she'd had since she was six?

June 2021

S	M	T	W	T	F	S
		1	2	3	4	5
6	7	8	9	10	11	12
13	14	15	16	17	18	19
20	21	22	23	24	25	26
27	28	29	30			

A: Fernando

Wednesday

30

What was the name of the gay cook who only appeared in the first episode of the show?

A: Coco

June 2021

S	M	T	W	T	F	S
		1	2	3	4	5
6	7	8	9	10	11	12
13	14	15	16	17	18	19
20	21	22	23	24	25	26
27	28	29	30			

Thursday

1

Canada Day

◑

What is Blanche's last name?

July 2021

S	M	T	W	T	F	S
				1	2	3
4	5	6	7	8	9	10
11	12	13	14	15	16	17
18	19	20	21	22	23	24
25	26	27	28	29	30	31

A: Devereaux

Friday

2

How many years were Dorothy and Stan married?

A: 38

July 2021

S	M	T	W	T	F	S
				1	2	3
4	5	6	7	8	9	10
11	12	13	14	15	16	17
18	19	20	21	22	23	24
25	26	27	28	29	30	31

Sat
3

Sun
4
Independence Day

July 2021

S	M	T	W	T	F	S
				1	2	3
4	5	6	7	8	9	10
11	12	13	14	15	16	17
18	19	20	21	22	23	24
25	26	27	28	29	30	31

In his story, who concludes, "Life without risk is no life at all"?

A: Vincenzo, Sophia's contractor

Monday

5

What fast-food restaurant did Sophia take a job at before starting a strike?

July 2021

S	M	T	W	T	F	S
				1	2	3
4	5	6	7	8	9	10
11	12	13	14	15	16	17
18	19	20	21	22	23	24
25	26	27	28	29	30	31

A: Pecos Pete's Chow Wagon

Tuesday

6

What was the name of Rose's sister who kissed Blanche's boyfriend, Gary?

A. Holly

July 2021

S	M	T	W	T	F	S
				1	2	3
4	5	6	7	8	9	10
11	12	13	14	15	16	17
18	19	20	21	22	23	24
25	26	27	28	29	30	31

Wednesday

7

July 2021

S	M	T	W	T	F	S
				1	2	3
4	5	6	7	8	9	10
11	12	13	14	15	16	17
18	19	20	21	22	23	24
25	26	27	28	29	30	31

What publication did Rose and Blanche model anti-aging cream for?

A: PennySaver

Thursday

8

Where did Blanche tell the policeman who brought her grandson home that she often went for happy hour on Tuesdays?

July 2021

S	M	T	W	T	F	S
				1	2	3
4	5	6	7	8	9	10
11	12	13	14	15	16	17
18	19	20	21	22	23	24
25	26	27	28	29	30	31

Friday

9

Four years after their relationship, who left his wife and asked Dorothy to marry him?

A: Glen O'Brien

July 2021

S	M	T	W	T	F	S
				1	2	3
4	5	6	7	8	9	10
11	12	13	14	15	16	17
18	19	20	21	22	23	24
25	26	27	28	29	30	31

Sat 10 •

Sun 11

What top-secret weapon did St. Olaf war bonds fund?

A: Attack cows

July 2021

S	M	T	W	T	F	S
				1	2	3
4	5	6	7	8	9	10
11	12	13	14	15	16	17
18	19	20	21	22	23	24
25	26	27	28	29	30	31

Monday

12

July 2021

S	M	T	W	T	F	S
				1	2	3
4	5	6	7	8	9	10
11	12	13	14	15	16	17
18	19	20	21	22	23	24
25	26	27	28	29	30	31

Who convinced Sophia to come home, saying, "Nobody can take your place"?

A: Dorothy

Tuesday

13

What was St. Olaf's most famous religious painting?

A: *The Last Pancake Breakfast*

July 2021

S	M	T	W	T	F	S
				1	2	3
4	5	6	7	8	9	10
11	12	13	14	15	16	17
18	19	20	21	22	23	24
25	26	27	28	29	30	31

Wednesday

14

What novelty item did Stan create for the president's visit to Miami?

July 2021

S	M	T	W	T	F	S
				1	2	3
4	5	6	7	8	9	10
11	12	13	14	15	16	17
18	19	20	21	22	23	24
25	26	27	28	29	30	31

A: George Bush Point of Light on a Stick

Thursday

15

What was the name of Blanche's pen pal in prison?

July 2021

S	M	T	W	T	F	S
				1	2	3
4	5	6	7	8	9	10
11	12	13	14	15	16	17
18	19	20	21	22	23	24
25	26	27	28	29	30	31

Friday

16

Which of Dorothy's relatives tried to sell the Vatican?

A: Her grandpa

July 2021

S	M	T	W	T	F	S
				1	2	3
4	5	6	7	8	9	10
11	12	13	14	15	16	17
18	19	20	21	22	23	24
25	26	27	28	29	30	31

Sat 17 | Sun 18

◐

What was the first year humans were allowed to enter the Miss St. Olaf beauty pageant?

July 2021

S	M	T	W	T	F	S
				1	2	3
4	5	6	7	8	9	10
11	12	13	14	15	16	17
18	19	20	21	22	23	24
25	26	27	28	29	30	31

A: 1951

Monday
19

Eid al-Adha begins at sundown

July 2021

S	M	T	W	T	F	S
				1	2	3
4	5	6	7	8	9	10
11	12	13	14	15	16	17
18	19	20	21	22	23	24
25	26	27	28	29	30	31

What psychic-reading storefront was Sophia and Max's pizza-knish restaurant located next to?

Sophia

A: Silver Moon

Tuesday

20

What mountain near St. Gustav had sculpted losers of presidential elections on it?

Rose

July 2021

S	M	T	W	T	F	S
				1	2	3
4	5	6	7	8	9	10
11	12	13	14	15	16	17
18	19	20	21	22	23	24
25	26	27	28	29	30	31

A: Mount Losenboden

Wednesday

21

July 2021

S	M	T	W	T	F	S
				1	2	3
4	5	6	7	8	9	10
11	12	13	14	15	16	17
18	19	20	21	22	23	24
25	26	27	28	29	30	31

What positive-thinking group did Rose try to get Dorothy to join with her?

A: Create Your Own Miracles

Thursday

22

July 2021

S	M	T	W	T	F	S
				1	2	3
4	5	6	7	8	9	10
11	12	13	14	15	16	17
18	19	20	21	22	23	24
25	26	27	28	29	30	31

Which local politician lied and said he'd had an affair with Blanche "because no one ever listens to me"?

A: Gil Kessler

Friday

23

July 2021

S	M	T	W	T	F	S
				1	2	3
4	5	6	7	8	9	10
11	12	13	14	15	16	17
18	19	20	21	22	23	24
25	26	27	28	29	30	31

What did Sophia tell Dorothy her IQ was to make her feel better about teaching honors students?

Dorothy

Sat

24

○

Sun

25

Estelle Getty's Birthday

July 2021

S	M	T	W	T	F	S
				1	2	3
4	5	6	7	8	9	10
11	12	13	14	15	16	17
18	19	20	21	22	23	24
25	26	27	28	29	30	31

Who won the Friends of Good Health's "Best Friend of the Year" Award?

A: Sophia

Monday

26

In what bar did Sophia and Tony win a dance contest?

July 2021

S	M	T	W	T	F	S
				1	2	3
4	5	6	7	8	9	10
11	12	13	14	15	16	17
18	19	20	21	22	23	24
25	26	27	28	29	30	31

A: Sons of Italy

Tuesday

27

Rose wanted to sleep in Blanche's room after hearing two killers had escaped from which state penitentiary?

A: Georgia

July 2021

S	M	T	W	T	F	S
				1	2	3
4	5	6	7	8	9	10
11	12	13	14	15	16	17
18	19	20	21	22	23	24
25	26	27	28	29	30	31

Wednesday

28

What program to help motherless girls did Rose and Blanche volunteer for?

July 2021

S	M	T	W	T	F	S
				1	2	3
4	5	6	7	8	9	10
11	12	13	14	15	16	17
18	19	20	21	22	23	24
25	26	27	28	29	30	31

A: Be a Pal

Thursday

29

July 2021

S	M	T	W	T	F	S
				1	2	3
4	5	6	7	8	9	10
11	12	13	14	15	16	17
18	19	20	21	22	23	24
25	26	27	28	29	30	31

Who was Blanche's first love?

A: Hayward Boyle, star pitcher—he was always "up for extra innings."

Friday

30

Golden Girls Day

Who almost became the girls' roommate when Dorothy planned to remarry Stan?

A: Truby

July 2021

S	M	T	W	T	F	S
				1	2	3
4	5	6	7	8	9	10
11	12	13	14	15	16	17
18	19	20	21	22	23	24
25	26	27	28	29	30	31

Sat 31 ◑ | Sun 1

July 2021

S	M	T	W	T	F	S
				1	2	3
4	5	6	7	8	9	10
11	12	13	14	15	16	17
18	19	20	21	22	23	24
25	26	27	28	29	30	31

August 2021

S	M	T	W	T	F	S
1	2	3	4	5	6	7
8	9	10	11	12	13	14
15	16	17	18	19	20	21
22	23	24	25	26	27	28
29	30	31				

To dissuade her from marrying a cruel man, who told her daughter, "You're the only woman on earth who's kind and caring enough to give him a glance. He's not good enough for you"?

A: Blanche

Monday

2

Civic Holiday (CAN)

Where did security guard Alvin Newcastle first tell Sophia he worked?

A: Ocean Mist Retirement Hotel

August 2021

S	M	T	W	T	F	S
1	2	3	4	5	6	7
8	9	10	11	12	13	14
15	16	17	18	19	20	21
22	23	24	25	26	27	28
29	30	31				

Tuesday

3

What did Rose say was the only crime in St. Olaf?

A: Poor oral hygiene

August 2021

S	M	T	W	T	F	S
1	2	3	4	5	6	7
8	9	10	11	12	13	14
15	16	17	18	19	20	21
22	23	24	25	26	27	28
29	30	31				

Wednesday

4

While searching for Sophia in the hospital, who learned "you can't give a sponge bath without the patient's consent"?

A: Blanche

August 2021

S	M	T	W	T	F	S
1	2	3	4	5	6	7
8	9	10	11	12	13	14
15	16	17	18	19	20	21
22	23	24	25	26	27	28
29	30	31				

Thursday

5

What did Blanche say was the only community organization for females back home?

A: Miss Maggie's house on the hill

August 2021

S	M	T	W	T	F	S
1	2	3	4	5	6	7
8	9	10	11	12	13	14
15	16	17	18	19	20	21
22	23	24	25	26	27	28
29	30	31				

Friday
6

Which doctor did Dorothy date who made a pass at Blanche?

Dorothy

August 2021

S	M	T	W	T	F	S
1	2	3	4	5	6	7
8	9	10	11	12	13	14
15	16	17	18	19	20	21
22	23	24	25	26	27	28
29	30	31				

A: Dr. Clayton

Sat
7

Sun
8
•

What city do the girls live in?

August 2021

S	M	T	W	T	F	S
1	2	3	4	5	6	7
8	9	10	11	12	13	14
15	16	17	18	19	20	21
22	23	24	25	26	27	28
29	30	31				

A: Miami

Monday

9

In a little lie that she said brought her pleasure, which British leader did Sophia tell Dorothy she'd been with?

Sophia

A: Winston Churchill

August 2021

S	M	T	W	T	F	S
1	2	3	4	5	6	7
8	9	10	11	12	13	14
15	16	17	18	19	20	21
22	23	24	25	26	27	28
29	30	31				

Tuesday

10

August 2021

S	M	T	W	T	F	S
1	2	3	4	5	6	7
8	9	10	11	12	13	14
15	16	17	18	19	20	21
22	23	24	25	26	27	28
29	30	31				

In St. Olaf, what was the town's biggest honor (after large-curd cottage cheese queen, of course)?

Rose

A: Small-curd cottage cheese queen

Wednesday

11

August 2021

S	M	T	W	T	F	S
1	2	3	4	5	6	7
8	9	10	11	12	13	14
15	16	17	18	19	20	21
22	23	24	25	26	27	28
29	30	31				

Who dropped out of school for a month when they were 15 to become a magician's assistant?

A: Blanche

Thursday

12

What was the last name of the triplets who once fought over Blanche at a barbecue?

A: Darcy

August 2021

S	M	T	W	T	F	S
1	2	3	4	5	6	7
8	9	10	11	12	13	14
15	16	17	18	19	20	21
22	23	24	25	26	27	28
29	30	31				

Friday
13

Where did Dorothy work during her required 10-week leave from teaching?

A: Art museum

August 2021

S	M	T	W	T	F	S
1	2	3	4	5	6	7
8	9	10	11	12	13	14
15	16	17	18	19	20	21
22	23	24	25	26	27	28
29	30	31				

Sat 14 | Sun 15

Who was the first woman in St. Olaf's to get a pilot's license?

August 2021

S	M	T	W	T	F	S
1	2	3	4	5	6	7
8	9	10	11	12	13	14
15	16	17	18	19	20	21
22	23	24	25	26	27	28
29	30	31				

A: Rose's sister, Lily

Monday

16

What did Sophia claim was now on top of her husband's grave?

August 2021

S	M	T	W	T	F	S
1	2	3	4	5	6	7
8	9	10	11	12	13	14
15	16	17	18	19	20	21
22	23	24	25	26	27	28
29	30	31				

A: Der Wienerschnitzel restaurant

Tuesday
17

What dangerous activity did Rose convince Miles to try in an attempt to make their relationship more exciting?

August 2021

S	M	T	W	T	F	S
1	2	3	4	5	6	7
8	9	10	11	12	13	14
15	16	17	18	19	20	21
22	23	24	25	26	27	28
29	30	31				

A: Skydiving

Wednesday

18

August 2021

S	M	T	W	T	F	S
1	2	3	4	5	6	7
8	9	10	11	12	13	14
15	16	17	18	19	20	21
22	23	24	25	26	27	28
29	30	31				

What city's retailers held a promotional songwriting contest in which Rose and Dorothy's song won second place?

A: Miami

Thursday

19

August 2021

S	M	T	W	T	F	S
1	2	3	4	5	6	7
8	9	10	11	12	13	14
15	16	17	18	19	20	21
22	23	24	25	26	27	28
29	30	31				

What city did Blanche get arrested in for driving with her shirt off?

Blanche

A: Chattanooga (the sheriff still writes her)

Friday

20

When Dorothy and Blanche bought twin dresses, where did they go to purchase different ones?

A: Mr. Marty's (on Market Street)

August 2021

S	M	T	W	T	F	S
1	2	3	4	5	6	7
8	9	10	11	12	13	14
15	16	17	18	19	20	21
22	23	24	25	26	27	28
29	30	31				

Sat
21

Sun
22
○

Where did the girls end up hosting Milo and Vito when they came to town at the same time?

A: Hotel

August 2021

S	M	T	W	T	F	S
1	2	3	4	5	6	7
8	9	10	11	12	13	14
15	16	17	18	19	20	21
22	23	24	25	26	27	28
29	30	31				

Monday

23

What was the name of the security guard who suffered from Alzheimer's and became friends with Sophia?

A: Alvin Newcastle

August 2021

S	M	T	W	T	F	S
1	2	3	4	5	6	7
8	9	10	11	12	13	14
15	16	17	18	19	20	21
22	23	24	25	26	27	28
29	30	31				

Tuesday
24

August 2021

S	M	T	W	T	F	S
1	2	3	4	5	6	7
8	9	10	11	12	13	14
15	16	17	18	19	20	21
22	23	24	25	26	27	28
29	30	31				

In what children's restaurant did Rose throw Dorothy a surprise party?

A: Mr. Ha Ha's Hot Dog Hacienda

Wednesday

25

What country did Renee suggest giving to the Palestinians on a radio show?

August 2021

S	M	T	W	T	F	S
1	2	3	4	5	6	7
8	9	10	11	12	13	14
15	16	17	18	19	20	21
22	23	24	25	26	27	28
29	30	31				

A: Greenland

Thursday

26

Who did Blanche dream was her secret admirer?

Blanche

August 2021

S	M	T	W	T	F	S
1	2	3	4	5	6	7
8	9	10	11	12	13	14
15	16	17	18	19	20	21
22	23	24	25	26	27	28
29	30	31				

A: Her late husband George

Friday

27

Where did Stan first have to sleep on the floor after he married Dorothy?

A: Emil Zuntz's Hidden Honeymoon Hideaway

August 2021

S	M	T	W	T	F	S
1	2	3	4	5	6	7
8	9	10	11	12	13	14
15	16	17	18	19	20	21
22	23	24	25	26	27	28
29	30	31				

Sat 28 | Sun 29

Where was the dance marathon contest the girls took part in?

A: Jefferson Hospital

August 2021

S	M	T	W	T	F	S
1	2	3	4	5	6	7
8	9	10	11	12	13	14
15	16	17	18	19	20	21
22	23	24	25	26	27	28
29	30	31				

Monday

30

◑

August 2021

S	M	T	W	T	F	S
1	2	3	4	5	6	7
8	9	10	11	12	13	14
15	16	17	18	19	20	21
22	23	24	25	26	27	28
29	30	31				

How many pounds did Sophia lose after 50 years at the same weight?

A: One

Tuesday
31

Which assassinated political figure did Rose try to phone when she had a hunch they would be killed?

A: Indira Gandhi

August 2021

S	M	T	W	T	F	S
1	2	3	4	5	6	7
8	9	10	11	12	13	14
15	16	17	18	19	20	21
22	23	24	25	26	27	28
29	30	31				

Wednesday

1

What was the address of the girls' house?

A: 6151 Richmond Street

September 2021

S	M	T	W	T	F	S
			1	2	3	4
5	6	7	8	9	10	11
12	13	14	15	16	17	18
19	20	21	22	23	24	25
26	27	28	29	30		

Thursday

2

September 2021

S	M	T	W	T	F	S
			1	2	3	4
5	6	7	8	9	10	11
12	13	14	15	16	17	18
19	20	21	22	23	24	25
26	27	28	29	30		

Where did Blanche work?

A: Art museum

Friday
3

Who told Dorothy that Sophia "represents Stan's own mother who passed away before the two of them could resolve things"?

September 2021

S	M	T	W	T	F	S
			1	2	3	4
5	6	7	8	9	10	11
12	13	14	15	16	17	18
19	20	21	22	23	24	25
26	27	28	29	30		

A: Dr. Halperin

Sat **4** | Sun **5**

What prison did one of the potential housekeepers serve time at?

September 2021

S	M	T	W	T	F	S
			1	2	3	4
5	6	7	8	9	10	11
12	13	14	15	16	17	18
19	20	21	22	23	24	25
26	27	28	29	30		

A: San Quentin

Monday

6

Labor Day (USA/CAN)

Rosh Hashanah
begins at sundown

While in the convent, what fundraising beefcake calendar did Sophia suggest?

September 2021

S	M	T	W	T	F	S
			1	2	3	4
5	6	7	8	9	10	11
12	13	14	15	16	17	18
19	20	21	22	23	24	25
26	27	28	29	30		

A: Monks of the Midwest

Tuesday

7

In St. Olaf, Rose would deliver vats of smoked fish and pitchers of what type of freshly squeezed juice to new families in the neighborhood?

September 2021

S	M	T	W	T	F	S
			1	2	3	4
5	6	7	8	9	10	11
12	13	14	15	16	17	18
19	20	21	22	23	24	25
26	27	28	29	30		

A: Potato

Wednesday

8

Where did Ted Zbornak get married?

A: Acapulco

September 2021

S	M	T	W	T	F	S
			1	2	3	4
5	6	7	8	9	10	11
12	13	14	15	16	17	18
19	20	21	22	23	24	25
26	27	28	29	30		

Thursday

9

September 2021

S	M	T	W	T	F	S
			1	2	3	4
5	6	7	8	9	10	11
12	13	14	15	16	17	18
19	20	21	22	23	24	25
26	27	28	29	30		

What cemetery did Blanche want to be buried in because it was "full of men"?

Blanche

A: Arlington

Friday
10

Who was incensed that Dorothy's lesbian friend preferred Rose over her?

September 2021

S	M	T	W	T	F	S
			1	2	3	4
5	6	7	8	9	10	11
12	13	14	15	16	17	18
19	20	21	22	23	24	25
26	27	28	29	30		

A: Blanche

Sat
11
Patriot Day

Sun
12
Grandparents Day

What was the name of Stan's cousin from Czechoslovakia?

September 2021

S	M	T	W	T	F	S
			1	2	3	4
5	6	7	8	9	10	11
12	13	14	15	16	17	18
19	20	21	22	23	24	25
26	27	28	29	30		

A: Magda

Monday

13

◐

Who was Sophia's cousin who only had weeks to live?

A: Cecilia

September 2021

S	M	T	W	T	F	S
			1	2	3	4
5	6	7	8	9	10	11
12	13	14	15	16	17	18
19	20	21	22	23	24	25
26	27	28	29	30		

Tuesday

14

September 2021

S	M	T	W	T	F	S
			1	2	3	4
5	6	7	8	9	10	11
12	13	14	15	16	17	18
19	20	21	22	23	24	25
26	27	28	29	30		

In what "flashy, fast-paced city" near her hometown did Rose once steal her father's truck to meet a boy?

A: Tyler's Landing

Wednesday

15

Yom Kippur begins at sundown

Who claimed to be George Devereaux's illegitimate son?

A: David Patton

September 2021

S	M	T	W	T	F	S
			1	2	3	4
5	6	7	8	9	10	11
12	13	14	15	16	17	18
19	20	21	22	23	24	25
26	27	28	29	30		

Thursday

16

Independence Day (MEX)

Who was the policeman Blanche's brother Clay planned to marry?

September 2021

S	M	T	W	T	F	S
			1	2	3	4
5	6	7	8	9	10	11
12	13	14	15	16	17	18
19	20	21	22	23	24	25
26	27	28	29	30		

A: Doug

Friday
17

What was the name of the married gym teacher Dorothy dated briefly?

September 2021

S	M	T	W	T	F	S
			1	2	3	4
5	6	7	8	9	10	11
12	13	14	15	16	17	18
19	20	21	22	23	24	25
26	27	28	29	30		

A: Glen O'Brien

Sat 18 | Sun 19

What did Charlie specialize in selling for an iron company?

A: Horseshoes

September 2021

S	M	T	W	T	F	S
			1	2	3	4
5	6	7	8	9	10	11
12	13	14	15	16	17	18
19	20	21	22	23	24	25
26	27	28	29	30		

Monday

20

What was the name of Sophia's son?

September 2021

S	M	T	W	T	F	S
			1	2	3	4
5	6	7	8	9	10	11
12	13	14	15	16	17	18
19	20	21	22	23	24	25
26	27	28	29	30		

Tuesday

21

What was the first name of Rose's mother?

September 2021

S	M	T	W	T	F	S
			1	2	3	4
5	6	7	8	9	10	11
12	13	14	15	16	17	18
19	20	21	22	23	24	25
26	27	28	29	30		

A: Alma

Wednesday

22

Fall begins

September 2021

S	M	T	W	T	F	S
			1	2	3	4
5	6	7	8	9	10	11
12	13	14	15	16	17	18
19	20	21	22	23	24	25
26	27	28	29	30		

What did Chrissy sometimes call Stan?

A: "Stick Man"

Thursday

23

Which of her daughters did Blanche help through labor and delivery of her grandchild?

A: Rebecca

September 2021

S	M	T	W	T	F	S
			1	2	3	4
5	6	7	8	9	10	11
12	13	14	15	16	17	18
19	20	21	22	23	24	25
26	27	28	29	30		

Friday

24

Who was Dorothy's goddaughter?

A: Jenny

September 2021

S	M	T	W	T	F	S
			1	2	3	4
5	6	7	8	9	10	11
12	13	14	15	16	17	18
19	20	21	22	23	24	25
26	27	28	29	30		

Sat 25 | Sun 26

Who said, "Well, like any good story, mine was deliberately ambiguous, thus affording the listener the opportunity to glean from it whatever he may"?

A: Blanche

September 2021

S	M	T	W	T	F	S
			1	2	3	4
5	6	7	8	9	10	11
12	13	14	15	16	17	18
19	20	21	22	23	24	25
26	27	28	29	30		

Monday
27

Which of Sophia's brothers pretended to be a priest for 72 years?

Sophia

A: Angelo

September 2021

S	M	T	W	T	F	S
			1	2	3	4
5	6	7	8	9	10	11
12	13	14	15	16	17	18
19	20	21	22	23	24	25
26	27	28	29	30		

Tuesday

28

Who did Rose see when she thought she had a near-death experience?

September 2021

S	M	T	W	T	F	S
			1	2	3	4
5	6	7	8	9	10	11
12	13	14	15	16	17	18
19	20	21	22	23	24	25
26	27	28	29	30		

A: Uncle Johannsen

Wednesday
29

◑

What name did Blanche and Dorothy use as the person who responded to Rose's personal ad?

September 2021

S	M	T	W	T	F	S
			1	2	3	4
5	6	7	8	9	10	11
12	13	14	15	16	17	18
19	20	21	22	23	24	25
26	27	28	29	30		

A: Isaac Newton

Thursday
30

Who proposed to Blanche before being arrested for bigamy?

September 2021

S	M	T	W	T	F	S
			1	2	3	4
5	6	7	8	9	10	11
12	13	14	15	16	17	18
19	20	21	22	23	24	25
26	27	28	29	30		

A: Harry

Friday

1

What was the name of Dorothy's daughter?

Dorothy

A: Kate

October 2021

S	M	T	W	T	F	S
					1	2
3	4	5	6	7	8	9
10	11	12	13	14	15	16
17	18	19	20	21	22	23
24	25	26	27	28	29	30
31						

Sat 2 | Sun 3

Who said of potential plastic surgery, “I think if it makes you feel better to look better, there’s nothing wrong with it”?

October 2021

S	M	T	W	T	F	S
					1	2
3	4	5	6	7	8	9
10	11	12	13	14	15	16
17	18	19	20	21	22	23
24	25	26	27	28	29	30
31						

A: Dorothy

Monday

4

October 2021

S	M	T	W	T	F	S
					1	2
3	4	5	6	7	8	9
10	11	12	13	14	15	16
17	18	19	20	21	22	23
24	25	26	27	28	29	30
31						

What was the name of Sophia's late husband?

Sophia

A: Salvadore

Tuesday

5

Which of Rose's cousins was coming to Miami for the 14th Annual Hog Expo?

A: Milo

October 2021

S	M	T	W	T	F	S
					1	2
3	4	5	6	7	8	9
10	11	12	13	14	15	16
17	18	19	20	21	22	23
24	25	26	27	28	29	30
31						

Wednesday

6

•

October 2021

S	M	T	W	T	F	S
					1	2
3	4	5	6	7	8	9
10	11	12	13	14	15	16
17	18	19	20	21	22	23
24	25	26	27	28	29	30
31						

Who lived by one simple rule: "Share your love with people today, 'cause they may be gone tomorrow"?

A: Blanche

Thursday

7

Blanche's attraction to what veterinarian helped her realize menopause had not impacted her sex drive?

A: Dr. Parks

October 2021

S	M	T	W	T	F	S
					1	2
3	4	5	6	7	8	9
10	11	12	13	14	15	16
17	18	19	20	21	22	23
24	25	26	27	28	29	30
31						

Friday

8

Whose mother did Dorothy claim drank grain alcohol out of a measuring cup?

A: Stan's mother

October 2021

S	M	T	W	T	F	S
					1	2
3	4	5	6	7	8	9
10	11	12	13	14	15	16
17	18	19	20	21	22	23
24	25	26	27	28	29	30
31						

Sat
9

Sun
10

October 2021

S	M	T	W	T	F	S
					1	2
3	4	5	6	7	8	9
10	11	12	13	14	15	16
17	18	19	20	21	22	23
24	25	26	27	28	29	30
31						

Who reminded the girls, after they lost out on $100,000, to be thankful that "we live in a lovely home, we have our health and each other"?

A: Dorothy

The Golden Girls

Monday

11

Columbus Day

Thanksgiving Day (CAN)

October 2021

S	M	T	W	T	F	S
					1	2
3	4	5	6	7	8	9
10	11	12	13	14	15	16
17	18	19	20	21	22	23
24	25	26	27	28	29	30
31						

Sophia said you couldn't pass kindergarten in Sicily until you learned to duck what?

A: A bullet

Tuesday

12

Day of the Race (MEX)

What was Rose's maiden name?

A: Lindstrom

October 2021

S	M	T	W	T	F	S
					1	2
3	4	5	6	7	8	9
10	11	12	13	14	15	16
17	18	19	20	21	22	23
24	25	26	27	28	29	30
31						

Wednesday

13

◐

October 2021

S	M	T	W	T	F	S
					1	2
3	4	5	6	7	8	9
10	11	12	13	14	15	16
17	18	19	20	21	22	23
24	25	26	27	28	29	30
31						

Who said, "It's not whether you agree or disagree with somebody; it's whether you can be there for that person when they need you"?

A: Sophia

Thursday

14

What Chamber of Commerce president wanted Blanche to be his first lady?

A: William "Buster" Collier

October 2021

S	M	T	W	T	F	S
					1	2
3	4	5	6	7	8	9
10	11	12	13	14	15	16
17	18	19	20	21	22	23
24	25	26	27	28	29	30
31						

Friday
15

National Boss Day (observed)

Who was the couple who thought Dorothy might have been switched at birth with their daughter?

A: Philomena and Dominic Bosco

October 2021

S	M	T	W	T	F	S
					1	2
3	4	5	6	7	8	9
10	11	12	13	14	15	16
17	18	19	20	21	22	23
24	25	26	27	28	29	30
31						

Sat 16 | Sun 17

Who told the other girls, "Let's make a pact that we'll always take care of each other. That we'll never desert each other, no matter what"?

A: Rose

October 2021

S	M	T	W	T	F	S
					1	2
3	4	5	6	7	8	9
10	11	12	13	14	15	16
17	18	19	20	21	22	23
24	25	26	27	28	29	30
31						

Monday
18

Who did Sophia and Sal drive to his niece's wedding on the Valentine's Day when they had car trouble?

Sophia

A: Sophia's father

October 2021

S	M	T	W	T	F	S
					1	2
3	4	5	6	7	8	9
10	11	12	13	14	15	16
17	18	19	20	21	22	23
24	25	26	27	28	29	30
31						

Tuesday

19

What did Rose mistakenly give her babies for colic?

Rose

A: Brandy

October 2021

S	M	T	W	T	F	S
					1	2
3	4	5	6	7	8	9
10	11	12	13	14	15	16
17	18	19	20	21	22	23
24	25	26	27	28	29	30
31						

Wednesday

20

○

October 2021

S	M	T	W	T	F	S
					1	2
3	4	5	6	7	8	9
10	11	12	13	14	15	16
17	18	19	20	21	22	23
24	25	26	27	28	29	30
31						

Besides taking a little time, what did Rose tell Blanche wouldn't hurt in helping her forgive George for having a son out of wedlock?

A: A little cheesecake

Thursday

21

October 2021

S	M	T	W	T	F	S
					1	2
3	4	5	6	7	8	9
10	11	12	13	14	15	16
17	18	19	20	21	22	23
24	25	26	27	28	29	30
31						

For her homemade gift to the girls, Blanche made a copy of what calendar?

Blanche

A: "The Men of Blanche's Boudoir"

Friday

22

What was the name of Dorothy's grandson?

Dorothy

October 2021

S	M	T	W	T	F	S
					1	2
3	4	5	6	7	8	9
10	11	12	13	14	15	16
17	18	19	20	21	22	23
24	25	26	27	28	29	30
31						

A: Robbie

Sat 23 | Sun 24

Who said, "You can never really replace someone you've lost"?

A: Sophia

October 2021

S	M	T	W	T	F	S
					1	2
3	4	5	6	7	8	9
10	11	12	13	14	15	16
17	18	19	20	21	22	23
24	25	26	27	28	29	30
31						

Monday

25

Who reminded Sophia, "You raised three kids during the Depression and always managed to have food on the table. You had two jobs as far back as I can remember, but were always there when we needed you"?

Sophia

A: Dorothy

October 2021

S	M	T	W	T	F	S
					1	2
3	4	5	6	7	8	9
10	11	12	13	14	15	16
17	18	19	20	21	22	23
24	25	26	27	28	29	30
31						

Tuesday

26

October 2021

S	M	T	W	T	F	S
					1	2
3	4	5	6	7	8	9
10	11	12	13	14	15	16
17	18	19	20	21	22	23
24	25	26	27	28	29	30
31						

What St. Olaf holiday was Rose's son, Adam, conceived on?

A: Day of the Princess Pig

Wednesday
27

October 2021

S	M	T	W	T	F	S
					1	2
3	4	5	6	7	8	9
10	11	12	13	14	15	16
17	18	19	20	21	22	23
24	25	26	27	28	29	30
31						

After writing a letter to her late father, who "found out during the process that Pop was a pretty good father"?

A: Dorothy

Thursday

28

◑

October 2021

S	M	T	W	T	F	S
					1	2
3	4	5	6	7	8	9
10	11	12	13	14	15	16
17	18	19	20	21	22	23
24	25	26	27	28	29	30
31						

Where did Blanche go to finishing school?

Blanche

A: Miss MacGyver's

Friday

29

What hotel did Dorothy and Stan stay at on their honeymoon?

A: Fontainebleau

October 2021

S	M	T	W	T	F	S
					1	2
3	4	5	6	7	8	9
10	11	12	13	14	15	16
17	18	19	20	21	22	23
24	25	26	27	28	29	30
31						

Sat 30 | **Sun** 31

Halloween

Who said, "When you're lucky enough to find that kind of friendship, I guess you just want to pass it on" when they accepted the Best Friend of the Year Award?

October 2021

S	M	T	W	T	F	S
					1	2
3	4	5	6	7	8	9
10	11	12	13	14	15	16
17	18	19	20	21	22	23
24	25	26	27	28	29	30
31						

A: Sophia

Monday

1

All Saints' Day

November 2021

S	M	T	W	T	F	S
	1	2	3	4	5	6
7	8	9	10	11	12	13
14	15	16	17	18	19	20
21	22	23	24	25	26	27
28	29	30				

Who did Sophia marry after the death of her best friend?

A: Max Weinstock

Tuesday

2

All Souls' Day

What was the name of Rose's daughter who was going to study at Oxford?

November 2021

S	M	T	W	T	F	S
	1	2	3	4	5	6
7	8	9	10	11	12	13
14	15	16	17	18	19	20
21	22	23	24	25	26	27
28	29	30				

A: Bridget

Wednesday

3

November 2021

S	M	T	W	T	F	S
	1	2	3	4	5	6
7	8	9	10	11	12	13
14	15	16	17	18	19	20
21	22	23	24	25	26	27
28	29	30				

Who pretended to be Anna Eggerman's daughter, so Anna could visit her daughter's grave when she escaped from a nursing home?

A: Rose

Thursday

4

•

Who was the rich businessman who proposed to Blanche, thinking she would be a mother to his small children?

November 2021

S	M	T	W	T	F	S
	1	2	3	4	5	6
7	8	9	10	11	12	13
14	15	16	17	18	19	20
21	22	23	24	25	26	27
28	29	30				

A: Richard

Friday

5

When wrongfully jailed for prostitution, Dorothy scared the other inmates, claiming to have done time in which men's prison?

November 2021

S	M	T	W	T	F	S
	1	2	3	4	5	6
7	8	9	10	11	12	13
14	15	16	17	18	19	20
21	22	23	24	25	26	27
28	29	30				

A: Attica

Sat 6

Sun 7

Daylight Saving Time ends

Who wrote in a poem, "Never ever give up on your dreams, even when they're doused in sorrow/because even though they seem far away, they could come true tomorrow"?

A: Rose

November 2021

S	M	T	W	T	F	S
	1	2	3	4	5	6
7	8	9	10	11	12	13
14	15	16	17	18	19	20
21	22	23	24	25	26	27
28	29	30				

Monday

8

November 2021

S	M	T	W	T	F	S
	1	2	3	4	5	6
7	8	9	10	11	12	13
14	15	16	17	18	19	20
21	22	23	24	25	26	27
28	29	30				

Who sent Sophia a black feather in the mail?

A: Cousin Vito

Tuesday

9

Who was the college professor Rose met while dancing?

A: Miles Webber

November 2021

S	M	T	W	T	F	S
	1	2	3	4	5	6
7	8	9	10	11	12	13
14	15	16	17	18	19	20
21	22	23	24	25	26	27
28	29	30				

Wednesday
10

November 2021

S	M	T	W	T	F	S
	1	2	3	4	5	6
7	8	9	10	11	12	13
14	15	16	17	18	19	20
21	22	23	24	25	26	27
28	29	30				

Who went skinny dipping with Rose's cousin Lars, before he gave up the pulpit in St. Gustav?

A: Dorothy

Thursday

11

Veterans Day

Remembrance Day (CAN)

◐

Who did Miss MacGyver catch in Blanche's dormitory during one of her famous bed checks?

A: Bobby Jo Springer

November 2021

S	M	T	W	T	F	S
	1	2	3	4	5	6
7	8	9	10	11	12	13
14	15	16	17	18	19	20
21	22	23	24	25	26	27
28	29	30				

Friday
12

What type of cheesecake did Rose get the night Dorothy discovered she was attracted to a priest?

Dorothy

November 2021

S	M	T	W	T	F	S
	1	2	3	4	5	6
7	8	9	10	11	12	13
14	15	16	17	18	19	20
21	22	23	24	25	26	27
28	29	30				

A: Chocolate macadamia nut

Sat 13 | Sun 14

Who learned in the Realizations encounter group that "people usually hurt each other unintentionally, therefore they deserve a second chance"?

November 2021

S	M	T	W	T	F	S
	1	2	3	4	5	6
7	8	9	10	11	12	13
14	15	16	17	18	19	20
21	22	23	24	25	26	27
28	29	30				

A: Stan

MONOPOLY
THE GOLDEN girls
Clue
The Golden Girls

Monday
15

Who told Sophia, "Life isn't just valued by the money that you leave. It's the memories. The love"?

November 2021

S	M	T	W	T	F	S
	1	2	3	4	5	6
7	8	9	10	11	12	13
14	15	16	17	18	19	20
21	22	23	24	25	26	27
28	29	30				

A: Dorothy

Tuesday

16

What social occasions got Rose hot and bothered?

November 2021

S	M	T	W	T	F	S
	1	2	3	4	5	6
7	8	9	10	11	12	13
14	15	16	17	18	19	20
21	22	23	24	25	26	27
28	29	30				

A: Weddings

Wednesday
17

November 2021

S	M	T	W	T	F	S
	1	2	3	4	5	6
7	8	9	10	11	12	13
14	15	16	17	18	19	20
21	22	23	24	25	26	27
28	29	30				

Who came to realize of her life and her performances that "what I've been doing is no different from my dream"?

A: Dorothy

Thursday

18

Who said Blanche was special by telling her, "You're a kind, decent, loving individual with a wonderful heart and a beauty that comes from your soul"?

A: Rose

November 2021

S	M	T	W	T	F	S
	1	2	3	4	5	6
7	8	9	10	11	12	13
14	15	16	17	18	19	20
21	22	23	24	25	26	27
28	29	30				

Friday
19

Which of Dorothy's cousins started living with a goat?

A: Nunzio

November 2021

S	M	T	W	T	F	S
	1	2	3	4	5	6
7	8	9	10	11	12	13
14	15	16	17	18	19	20
21	22	23	24	25	26	27
28	29	30				

Sat 20 | Sun 21

Mexican Revolution Day

Who thanked Dorothy and Sophia when they "made me realize you don't have to please your parents"?

A: Rose

November 2021

S	M	T	W	T	F	S
	1	2	3	4	5	6
7	8	9	10	11	12	13
14	15	16	17	18	19	20
21	22	23	24	25	26	27
28	29	30				

Monday

22

What uncle looked the same to Sophia with his head cut off in the photo and in the morgue after turning state's evidence?

Sophia

November 2021

S	M	T	W	T	F	S
	1	2	3	4	5	6
7	8	9	10	11	12	13
14	15	16	17	18	19	20
21	22	23	24	25	26	27
28	29	30				

A: Vittorio

Tuesday

23

What gangster was coming after Rose's boyfriend in the Witness Protection Program?

A: Mickey "The Cheeseman" Moran

November 2021

S	M	T	W	T	F	S
	1	2	3	4	5	6
7	8	9	10	11	12	13
14	15	16	17	18	19	20
21	22	23	24	25	26	27
28	29	30				

Wednesday

24

Who explained to a pregnant teen, "Just because the plumbing's in doesn't mean the house is ready to occupy"?

November 2021

S	M	T	W	T	F	S
	1	2	3	4	5	6
7	8	9	10	11	12	13
14	15	16	17	18	19	20
21	22	23	24	25	26	27
28	29	30				

A: Dorothy

Thursday
25

Thanksgiving Day

Who did Blanche dump Carl Dugan, captain of the football team, for in high school?

A: Coach Wilkins

November 2021

S	M	T	W	T	F	S
	1	2	3	4	5	6
7	8	9	10	11	12	13
14	15	16	17	18	19	20
21	22	23	24	25	26	27
28	29	30				

Friday

26

November 2021

S	M	T	W	T	F	S
	1	2	3	4	5	6
7	8	9	10	11	12	13
14	15	16	17	18	19	20
21	22	23	24	25	26	27
28	29	30				

Which of Dorothy's uncles did Sophia say had absolutely no sense of humor?

Dorothy

A: Uncle Vito

Sat 27 ◑

Sun 28 Hanukkah begins at sundown

Who toasted the other girls, "To my friends, who made being sick a little easier because they cared"?

A: Dorothy

November 2021

S	M	T	W	T	F	S
	1	2	3	4	5	6
7	8	9	10	11	12	13
14	15	16	17	18	19	20
21	22	23	24	25	26	27
28	29	30				

Monday

29

When Sophia questioned why her late son was the way he was, who let her know, "What he was, Sophia, was a good man"?

Sophia

A: Angela Petrillo

November 2021

S	M	T	W	T	F	S
	1	2	3	4	5	6
7	8	9	10	11	12	13
14	15	16	17	18	19	20
21	22	23	24	25	26	27
28	29	30				

Tuesday

30

After their trip to St. Gustav, Rose pointed out the girls had eaten over how many cheesecakes together?

A: 500

November 2021

S	M	T	W	T	F	S
	1	2	3	4	5	6
7	8	9	10	11	12	13
14	15	16	17	18	19	20
21	22	23	24	25	26	27
28	29	30				

Wednesday

1

December 2021

S	M	T	W	T	F	S
			1	2	3	4
5	6	7	8	9	10	11
12	13	14	15	16	17	18
19	20	21	22	23	24	25
26	27	28	29	30	31	

Who complimented Rose's stories by saying, "You may not know where you are, but you always have a good time finding your way out"?

A: Miles

Thursday

2

After a week at a meditation retreat, how many men were using Blanche's name as a mantra: 7, 17, or 70?

December 2021

S	M	T	W	T	F	S
			1	2	3	4
5	6	7	8	9	10	11
12	13	14	15	16	17	18
19	20	21	22	23	24	25
26	27	28	29	30	31	

Friday

3

After their house was robbed, who did Dorothy advise that "life isn't worth living if you're gonna live it with this kind of fear"?

December 2021

S	M	T	W	T	F	S
			1	2	3	4
5	6	7	8	9	10	11
12	13	14	15	16	17	18
19	20	21	22	23	24	25
26	27	28	29	30	31	

A: Rose

Sat 4 •

Sun 5

Where did Max move after the pizza-knish restaurant burned down?

A: Brooklyn

December 2021

S	M	T	W	T	F	S
			1	2	3	4
5	6	7	8	9	10	11
12	13	14	15	16	17	18
19	20	21	22	23	24	25
26	27	28	29	30	31	

Monday

6

What family vendetta was Sophia convinced she had to act on?

A: Venuchio

December 2021

S	M	T	W	T	F	S
			1	2	3	4
5	6	7	8	9	10	11
12	13	14	15	16	17	18
19	20	21	22	23	24	25
26	27	28	29	30	31	

Tuesday

7

Pearl Harbor
Remembrance Day

What consumer reporter did Rose get a job at the TV station working for?

A: Enrique Mas

December 2021

S	M	T	W	T	F	S
			1	2	3	4
5	6	7	8	9	10	11
12	13	14	15	16	17	18
19	20	21	22	23	24	25
26	27	28	29	30	31	

Wednesday

8

What was the name of the woman Michael married?

December 2021

S	M	T	W	T	F	S
			1	2	3	4
5	6	7	8	9	10	11
12	13	14	15	16	17	18
19	20	21	22	23	24	25
26	27	28	29	30	31	

A: Lorraine

Thursday

9

What man ditched Blanche at the movie theater?

A: Jerry

December 2021

S	M	T	W	T	F	S
			1	2	3	4
5	6	7	8	9	10	11
12	13	14	15	16	17	18
19	20	21	22	23	24	25
26	27	28	29	30	31	

Friday

10

After vowing to support Dorothy if she had a relationship with a priest, who just had to add, "Just remember, make the wrong decision, you'll burn in hell forever"?

A: Sophia

December 2021

S	M	T	W	T	F	S
			1	2	3	4
5	6	7	8	9	10	11
12	13	14	15	16	17	18
19	20	21	22	23	24	25
26	27	28	29	30	31	

Sat
11
◐

Sun
12
Virgin of Guadalupe Day (MEX)

December 2021

S	M	T	W	T	F	S
			1	2	3	4
5	6	7	8	9	10	11
12	13	14	15	16	17	18
19	20	21	22	23	24	25
26	27	28	29	30	31	

Who was Rebecca's verbally abusive fiancé?

A: Jeremy

Monday

13

What British gentleman met Sophia at the senior center and wanted to date her?

December 2021

S	M	T	W	T	F	S
			1	2	3	4
5	6	7	8	9	10	11
12	13	14	15	16	17	18
19	20	21	22	23	24	25
26	27	28	29	30	31	

A: Wilfred Whitney Cheswick

Tuesday

14

December 2021

S	M	T	W	T	F	S
			1	2	3	4
5	6	7	8	9	10	11
12	13	14	15	16	17	18
19	20	21	22	23	24	25
26	27	28	29	30	31	

What did Rose feed her lamb to make it heavier for the county fair, the only time she ever cheated at anything?

A: BBs

Wednesday

15

After her broken engagement in the first episode, who did Blanche consider her family that made her "happy to be alive"?

A: Rose and Dorothy

December 2021

S	M	T	W	T	F	S
			1	2	3	4
5	6	7	8	9	10	11
12	13	14	15	16	17	18
19	20	21	22	23	24	25
26	27	28	29	30	31	

Thursday
16

December 2021

S	M	T	W	T	F	S
			1	2	3	4
5	6	7	8	9	10	11
12	13	14	15	16	17	18
19	20	21	22	23	24	25
26	27	28	29	30	31	

On their double date, which brother turned out to be a dud for Blanche: Arnie or Jeffrey?

A: Jeffrey

Friday
17

What was the name of Dorothy's sister?

A: Gloria

December 2021

S	M	T	W	T	F	S
			1	2	3	4
5	6	7	8	9	10	11
12	13	14	15	16	17	18
19	20	21	22	23	24	25
26	27	28	29	30	31	

Sat 18 | Sun 19 ○

Where were the girls held hostage on Christmas Eve?

December 2021

S	M	T	W	T	F	S
			1	2	3	4
5	6	7	8	9	10	11
12	13	14	15	16	17	18
19	20	21	22	23	24	25
26	27	28	29	30	31	

A: Grief counseling center

Monday

20

When a sandwich vendor named Johnny No-Thumbs leaned on Sophia, who did she call to help?

Sophia

A: Uncle Vito

December 2021

S	M	T	W	T	F	S
			1	2	3	4
5	6	7	8	9	10	11
12	13	14	15	16	17	18
19	20	21	22	23	24	25
26	27	28	29	30	31	

Tuesday

21

Winter begins

December 2021

S	M	T	W	T	F	S
			1	2	3	4
5	6	7	8	9	10	11
12	13	14	15	16	17	18
19	20	21	22	23	24	25
26	27	28	29	30	31	

What was the name of the piano-playing chicken Rose briefly cared for?

A: Count Bessie

Wednesday

22

Who realized they had been acting like teenage groupies and said, "The first good-looking, sexy, debonair, charming man that rolls into town, and we got on him quicker than mustard on a tie at a county fair"?

A: Blanche

December 2021

S	M	T	W	T	F	S
			1	2	3	4
5	6	7	8	9	10	11
12	13	14	15	16	17	18
19	20	21	22	23	24	25
26	27	28	29	30	31	

Thursday

23

What was the name of Blanche's family home?

A: Twin Oaks

December 2021

S	M	T	W	T	F	S
			1	2	3	4
5	6	7	8	9	10	11
12	13	14	15	16	17	18
19	20	21	22	23	24	25
26	27	28	29	30	31	

Friday

24

Christmas Eve

Who said, "Jealousy is a very ugly thing, Dorothy. And so are you in anything backless"?

A: Sophia

December 2021

S	M	T	W	T	F	S
			1	2	3	4
5	6	7	8	9	10	11
12	13	14	15	16	17	18
19	20	21	22	23	24	25
26	27	28	29	30	31	

Sat	Sun
25	26
Christmas Day	Kwanzaa begins Boxing Day (CAN)

After being held hostage, who said, "Isn't it funny how sometimes it takes a total stranger to point out something that's been right there in front of your face"?

December 2021

S	M	T	W	T	F	S
			1	2	3	4
5	6	7	8	9	10	11
12	13	14	15	16	17	18
19	20	21	22	23	24	25
26	27	28	29	30	31	

A: Blanche

Monday
27

◑

Who decided, after one of Sophia's stories, that "because nobody's gonna believe me anyway, I'm better off if I let people find out what's going on for themselves"?

A: Rose

December 2021

S	M	T	W	T	F	S
			1	2	3	4
5	6	7	8	9	10	11
12	13	14	15	16	17	18
19	20	21	22	23	24	25
26	27	28	29	30	31	

Tuesday

28

What was the name of Rose's one-eyed pig?

December 2021

S	M	T	W	T	F	S
			1	2	3	4
5	6	7	8	9	10	11
12	13	14	15	16	17	18
19	20	21	22	23	24	25
26	27	28	29	30	31	

A: Larry

Wednesday

29

Who said, "You need a reason to get up in the morning. And sometimes even after you find one, life can turn right around and spit in your face"?

December 2021

S	M	T	W	T	F	S
			1	2	3	4
5	6	7	8	9	10	11
12	13	14	15	16	17	18
19	20	21	22	23	24	25
26	27	28	29	30	31	

A: Sophia

Thursday

30

Which of Blanche's children did she claim to have brought home in a cabana club towel?

December 2021

S	M	T	W	T	F	S
			1	2	3	4
5	6	7	8	9	10	11
12	13	14	15	16	17	18
19	20	21	22	23	24	25
26	27	28	29	30	31	

A: Skippy

Friday

31

New Year's Eve

December 2021

S	M	T	W	T	F	S
			1	2	3	4
5	6	7	8	9	10	11
12	13	14	15	16	17	18
19	20	21	22	23	24	25
26	27	28	29	30	31	

Who agreed they should give Dorothy another chance after a fight, saying, "Best friends are hard to come by"?

A: Rose